W0026390

Franz Hieble

Naturerlebnis Allgäuer Berge

Faszinierende Kleinwalsertaler und Oberstdorfer Landschaften

1997 Verlag J. Eberl KG, Immenstadt

Titelbild:
Der Tag entschwindet langsam aus dem
Bergkranz des Kleinen Walsertales.

Franz Hieble · Naturerlebnis Allgäuer Berge

1997 Verlag J. Eberl KG, Immenstadt

1. Auflage 1997

Reproduktionen:
Repro Walden, Memmingerberg

Gesamtherstellung:
Graphische Betriebe Eberl GmbH, Immenstadt

ISBN 3-920269-02-0

Vorwort

Das Tal der Breitach, eine ungewöhnlich schöne Landschaft mit bemerkenswerten Bergformationen. Natur und Bewohner schufen die Voraussetzung dafür, daß das Kleine Walsertal heute bei vielen begehrt ist und gerne besucht wird. Die vielgestaltigen Seitentäler mit ihren aneinandergereihten Gipfeln locken immer mehr Wanderer, Bergsteiger und Skiläufer an.

In diesem Bildband zeige ich das Gebiet inmitten der Runde Oberstdorf, Einödsbach, Warth, Schröcken, Schönenbach, Sibratsgfäll und Rohrmoos.
Mein Bestreben war es, die erstaunlich vielfältige Landschaft im Bild zu zeigen, auch manche Augenblicke, wenn sie sich nur für Sekunden dem Betrachter offenbart.

Wer Kenntnis hat über Entstehung, Aufbau und Besiedlung der Berge, wird sich bewußter dort bewegen und sie mit anderen Augen sehen!

Das Kleine Walsertal hat noch eine liebenswerte Bergumrahmung. Dieser Bildband soll dies belegen, aber auch als Mahnung verstanden werden:
»Geht mit der Natur behutsam um, schützt das noch Vorhandene, opfert nicht noch mehr dem modernen Zeitgeist!«

Das Tal wird besiedelt

Es soll im zwölften Jahrhundert gewesen sein, als sich aus dem Oberwallis Menschen in Bewegung setzten, um auszuwandern. Unter anderem besiedelten sie auch den Hochtannberg, eine Gegend gleich südlich hinterm Widderstein. Bald wurde es ihnen auch da zu eng. Die Nachkommen trieb es weiter. Über den Hochalppaß zogen sie ins Tal der Breitach.
Das ganze Gebiet, mit seinen Bergflanken, war bis zur Baumgrenze bewaldet und wurde für die Jagd und auch landwirtschaftlich, vom Illertal her, genutzt. Menschen lebten bis dahin im Tal kaum. Die Grafen von Rettenberg verwalteten es und waren bestrebt, das Tal zu besiedeln. Sie versprachen besondere Rechte und Freiheiten, ja sogar eine eigene Gerichtsbarkeit. Umsonst bekamen die Walser die Landnutzungsrechte allerdings nicht. Sie hatten einige Abgaben zu entrichten. Im hintersten Winkel, am Eingang zum Bärgunttal, begannen die Siedler den Wald zu roden. Und schon bauten sie ihre ersten Blockhäuser, nahe am Gemstelbach. Weitere folgten, teils im Talgrund, teils auf höher gelegenen Terrassen der Bergflanken. Sie errichteten ihre Gebäude möglichst nahe an Quellen oder Wasserläufen, oft auf Kosten der Sicherheit, denn ständig wurden sie von Lawinen bedroht.
Besonders grausam hauste der Winter 1686: Im Januar wurden im Tal etwa 40 Häuser durch Lawinen zerstört, im Februar zehn Ställe mitgerissen und zwei Häuser schwer beschädigt. Wertvolles Vieh ging verloren. Im benachbarten Lechtal kamen sogar 100 Menschen durch Lawinenabgänge ums Leben. Die Bewohner des Tales lebten in ständiger Angst. Um ihre Häuser zu schützen, errichteten sie bergseitig aus Steinen und Erde eine Art Schanze (Arche), die bis zum Giebel reichte. Der Schnee wurde dadurch über das Dach hinweggeleitet! Lawinenunglücke gab es trotzdem immer wieder, auch bis in unsere Zeit! Heute halten an manchen Bergflanken Lawinengalerien den Schnee fest. Sie sind kein schöner Anblick, das Tal ist aber durch sie sicherer geworden!
Über das ganze Tal gestreut, auch weit die Hänge hinauf, entstanden weitere Berghöfe, Ställe und Scheunen.
Im Juni 1888 fährt erstmals im Bahnhof von Oberstdorf die Eisenbahn ein. Am 1. Mai 1891 wurde die Gemeinde Mittelberg durch den Zollanschlußvertrag dem deutschen Wirtschaftsgebiet angegliedert. Das Tal war wegen der hohen Bergketten von Vorarlberg abgeschnitten und deshalb von dort aus nicht zu versorgen. Die Walser waren notgedrungen auf die Bayern angewiesen. Das war der Wendepunkt für eine andere, bessere Zeit.
Der Walser Bauer bestimmte von nun an nicht mehr alleine in seinem kleinen Reich, denn nun hielt der Tourist Einzug im Tal. Die Walser mußten einige Dinge ändern, um den Belangen der neuen »Herrschaften« gerecht zu werden.
Es gab jedoch nur eine schmale, holprige Sandstraße, die äußerst schwierig zu Fuß oder mit dem Fuhrwerk zu bewältigen war. Eine regelmäßige Transportmöglichkeit ins Kleine Walsertal gab es noch nicht. Vor dem 2. Weltkrieg gingen Oberstdorfer bis ins Schwarzwassertal um – man bedenke – eine Skitour zu machen! Frächter transportierten Waren auf ihren Fuhrwerken. Wenn sie nicht schon zu schwer beladen waren, konnten Gäste und Einheimische ihr Gepäck auf den Wagen werfen, oder – wenn es ganz gut ging, auch selbst mit aufsteigen. Die Straße war im Laufe der Jahre immer besser ausgebaut worden, auch die notwendigen Brücken entstanden. Im Dezember 1930 fuhr erstmals der Postbus in das Tal. Nun konnte sich der Tourismus in den kommenden Jahren gut entfalten! Weitere Hotels, Pensionen und Gewerbebetriebe entstehen.
1940 nimmt der erste Skilift seinen Betrieb auf. Die Kanzelwandbahn bringt dem Tal einen weiteren, großen Fortschritt. Seit 1966 schwebt eine Kabine auf das Walmendinger Horn. 1971/72 wird der Skilift unter dem Hahnenköpfle eröffnet. Das Skigebiet Ifen 2000 entsteht im Winter 78/79 mit einer neuen Schwebebahn.
Das Tal ist erschlossen, die Ruhe, das Beschauliche ist dabei oftmals auf der Strecke geblieben.
Der Künstler Detlef Willand (Kleines Walsertal) schreibt treffend in dem Buch »Kleinwalsertaler Bilderbogen«: »Der Preis für all unsere Technik, unsere Waschmaschinen, Allradautos, unsere Eierkocher und Bergbahnen, unsere Heuwender und Tiefkühltruhen – so angenehm und nicht mehr wegdenkbar das alles ist – der Preis ist die Seele!«
In der heutigen Zeit sind diese Gedanken für fast alle modernen Siedlungen zutreffend. Viele Menschen fliehen deshalb bei jeder sich bietenden Gelegenheit in die Natur. Sie suchen dort etwas, das vielerorts verloren ging. Die Umgebung des Kleinen Walsertales ist mit wenigen Ausnahmen liebenswert, noch ist die »Seele« zu spüren.

Aufbau der Landschaft

Vor vielen Millionen Jahren bedeckte ein großes Meer, die Tethys, den gesamten heutigen Alpenraum. Sedimente lagerten sich am Grund ab und bildeten die verschiedenen Bauteile unserer Alpen. Die Allgäuer Berge sind aus vier verschiedenen Baugliedern entstanden. Diese bildeten sich unverwechselbar jeweils in einem Meerestrog. Es sind dies das Kalkalpin, das vor allem den Allgäuer Hauptkamm bildet. Gewaltige Felsgipfel und -grate erheben sich über schutterfüllten, pflanzenarmen Karen.
Der Flysch, der den Raum zwischen Hauptkamm und Vorbergen (Linie Balderschwang – Sonthofen – Hopfensee) einnimmt. Steile Grate und Gipfel mit Gras und Wald bewachsen, oft mit Rinnen und Tobeln zerschnitten.
Die Helvetische Kreide wurde an zwei Stellen von dem sie zunächst überdeckenden Flysch befreit: Das Gebiet Ifen bis Besler und Teile am Grünten. Die hellen, senkrechten, langgestreckten Kalkwände fallen inmitten der sie umgebenden Gras- bzw. bewaldeten Berge sofort auf.
Die Molasse umfaßt alle Grate, Gipfel und Höhenzüge nördlich des Helvetikum- und Flyschgebietes, dazu gehört z.B. die Nagelfluhkette mit dem Hochgrat. Ihr Gestein ist aus dem Schutt der entstehenden Alpen, durch großen Druck, zusammengepreßt.
Die Bergumrahmung des Kleinen Walsertales ist aus den Baugruppen Kalkalpin, Flysch und Helvetikum aufgebaut. Das Kalkalpin hat sich an einigen Stellen weiter nach Norden vorgeschoben und deshalb auch einen großen Teil der Walser Berglandschaft mitgeformt. Die markanteste Gestalt dieses Abschnittes ist natürlich der mächtige Widderstein, der höchste Gipfel des Tales, man sieht ihm diese Überlegenheit auch an! Aber auch Geißhorn, Elfer und Zwölfer, die Schafalpenköpfe, Gehrenspitze, Schüsser und Hammerspitze sowie der Warmatsgundkopf (Kanzelwand) sind aus demselben Holz geschnitzt. Meist recht wilde Berggestalten mit abschreckenden Felswänden, darunter breite, schuttgefüllte, pflanzenarme Kare. Die Anstiege sind deshalb oft schwierig und anstrengend, führen sie doch oft über steile, ausgesetzte Felspartien hinauf.
Ganz anders zeigt sich das Tal im Bereich des Flyschs. Eine typische Allgäuer Graslandschaft mit weichem, welligem Gelände im Talboden und immer steiler werdenden Gras- und Waldhängen, mit ungeheurem Pflanzenreichtum, die bis hinauf zu den scharfen Graten und Gipfeln reichen. Die Hänge sind oft mit unwegsamen Tobeln, Bachläufen und Gräben durchfurcht, die meist von üppigster Vegetation erfüllt sind. Das alles setzt sich bis in das hinterste Schwarzwassertal fort. Von dieser allgemein lieblichen Landschaft darf man sich jedoch nicht täuschen lassen. Die Hänge können ungeheuer steil emporschwingen! Mancher ist bei dem Versuch, den Weg zu verlassen, um eine eigene Route zu wählen, in den Tod gestürzt!
Die gesamten Höhenwege, vom Söllereck über Schlappoldeck, Fellhornzug, der westliche Bereich hinter Baad, mit dem wunderschönen Gratübergang Güntlespitz – Grünhorn und der oft besuchte Höhenzug über die Ochsenhofer Köpfe zum Walmendinger Horn und weiter zum Heuberg, gehören zum liebenswertesten Teil des Kleinen Walsertales, besonders für die Freunde der Bergflora!
Eine Rarität aber, im Kranz der Kleinwalsertaler Berge, sind die schräge Platte des Hohen Ifen, das verkarstete Gottesackerplateau und die langgestreckten Gottesackerwände.
Dieses Gebiet war auch einmal mit Flysch bedeckt. Durch Erosion ist diese Schicht aber im Laufe der Zeit abgetragen worden! Hier öffnete sich für den Besucher eine Luke, die in das Untere, normalerweise Verborgene, Einblick gewährt. Für den Fachmann ist diese Formation ein »Geologisches Halbfenster« (würde im Westen nicht ein Stück des Flyschrahmens fehlen, könnte man von einem Fenster sprechen). Die dritte Baugruppe des Walsertales, das Helvetikum, kam damit zum Vorschein! Eine unglaubliche Landschaft, voller Höhepunkte! Gleiches wird man im gesamten Alpenraum vergeblich suchen!
Die Riesenkalksteinplatte, mit der Ausdehnung von ungefähr 30 Quadratkilometern, wurde durch enorme Kräfte zusammengeschoben. Es entstanden Falten (vergleichbar einer Tischdecke, die durch Schieben in Falten gelegt wird). Diese Verformung dauerte viele Millionen Jahre! Im oberen Bereich der Falte entstanden Risse und Brüche, die gerade an diesen Stellen der Erosion Vorschub leisteten. Der nach Norden abfallende Faltenteil fehlt nun fast überall. Die Faltenreste sind noch da: es sind die senkrechten Wände von Besler und Kackenkopf, die Gatterwände, Untere und Obere Gottesackerwände und, an höchster Stelle, der Ifen. Dieser nimmt zudem eine Sonderstellung ein, denn er hat rundum sein Faltenkleid verloren. Nun liegt »nur« noch eine schräggestellte, grasbewachsene, dicke Platte da, rundum mit senkrechten, abschreckenden Felswänden bewehrt. Es ist nur eine Frage der Zeit, wann auch sie ganz verschwunden sein wird. Ost- und Westseite weisen Schwachstellen auf, durch die der Wanderweg führt.
Für Geologen sind die Falten »Gewölbe«. An einigen Stellen sind noch unzerstörte Gewölbe vorhanden, wie z.B. an der Ostseite der Unteren Gottesackerwände, eindrucksvoll von den Gatterköpfen aus zu sehen. Das ganze Gebiet ist mit Wegen erschlossen, die durch bestaunenswerte Landschaften führen, aber – besonders bei ungünstiger Witterung, große Gefahren bergen können! Wer auf dem Gottesackerplateau vom Nebel überrascht wird, benötigt verdammt gute Ortskenntnisse, um aus dem Irrgarten herauszufinden. Wasser ist im oberen Teil dieser Landschaft kaum vorhanden, da die riß- und spaltenreichen Schrattenkalkböden dies sofort nach unten verschwinden lassen, um es in den weiter unten liegenden Talbereichen wieder freizugeben.
Etwas ganz Besonderes wäre da noch, die Breitachklamm. Ein gewaltiges Naturschauspiel! In tausenden von Jahren hat sich das Wasser der Breitach einen tiefen Graben durch den Schrattenkalkriegel geschaffen. Die Breitach entspringt im hintersten Talkessel, der aus den steilen Flanken von Unspitz, Grünhorn und Ochsenhofer Köpfen geformt ist. Bei Baad gesellen sich gleich der Derrabach und der Bärguntbach dazu. Gemeinsam geht's hinaus nach Mittelberg, wo sich bei Bödmen der Gemstelbach anschließt. Den Wildenbach nehmen sie auch noch mit. Unterhalb Hirschegg geht's durch. Bei Riezlern müssen sie nun links vorbei und den Graben runter. Zwerenbach und Schmiedbach sind inzwischen dazugestoßen. Endlich ist auch der Schwarzwasserbach da. Gatterbach und Hörnlebach dürfen noch mit, dann stürzen sie gemeinsam, mit donnerndem Getöse, in die Klamm. Danach wird's ziemlich ruhig. Rohrmoos schickt noch die Starzlach, die auch eine ganz nette Klamm überwinden mußte. Nun trifft man sich endlich am Illerursprung mit Stillach und Trettach, die beide auch weite, mühsame Wege hinter sich haben!

Die Trollblumenwiese liegt nahe bei den Kackenköpfen. Unten breitet sich der Talkessel aus. Über Oberstdorf die Hängetäler Seealpe und Oytal. Links der berühmte Gipfel des Nebelhorns.

Unter dieser Wolkendecke verbirgt sich das Kleine Walsertal. Ähnlich mag es in der Eiszeit ausgesehen haben.

Das Kleine Walsertal über dem Iller-ursprung. Trettach, Stillach und Breitach vereinigen sich dort unten in der Waldmitte. Die Iller ist entstanden!
Ein mächtiger Eisstrom formte mit ungeheurem Gewicht das Kleine Walsertal, hobelte den Talboden breit aus.
Der Illergletscher, mit seiner noch viel gewaltigeren Masse, schürfte das Illertal noch tiefer aus. Der Talboden des Kleinen Walsertales hängt deshalb über dem Talgrund des Illertales. Besondere Beispiele für die Idealform eines Hängetales sind die Seealpe mit dem Faltenbachtobel und das Dietersbachtal mit Gerstruben und dem Hölltobel.

Über dem weiten Oberstdorfer Talkessel beginnt der Kleinwalsertaler Bergkranz, der von Fellhorn und Schafalpenköpfen über Widderstein und Walmendinger Horn hinüberleitet zu den auffallenden Mauern des Ifen und der Gottesackerwände.

Die drei Talorte Riezlern, Hirschegg und Mittelberg. Darüber Widderstein, Walmendinger Horn und Hoher Ifen.

Vom Ifen bis zum Illertal reiht sich ein Kreidegewölbe an das andere.

In der Bildmitte das
Fellhorn, weiter nach
links verlaufend, der
Übergang Schüsser
und Hammerspitzen
zu den Schafalpen.

Vom Gipfel des Fellhorns ist der Blick gewaltig über das Kleine Walsertal, hinüber zum Ifen mit seinem Skigebiet Ifen 2000. Rechts hinüber führt die Skitour über das Gottesackerplatt zur Gottesackerscharte und hinunter durchs Mahdtal. Auch das Schwarzwassertal, links, bietet lohnende Ziele an.

Riezlern dick eingepackt. Schnee ist für den Wintersportort lebensnotwendig, doch zu viel davon, schafft auch Probleme.

Die Streusiedlungsbauweise der Walser ist noch zu erkennen. Mittelberg ist ein beliebter Ort, ob im Winter oder im Sommer. Es liegt vielleicht daran, daß der Ort vom Durchgangsverkehr verschont blieb.

Ein vielbegangener Weg, der Flyschgrat vom Fellhorn zum Söllereck. Berühmt wegen seines Blumenreichtums. Die sensible Vegetationsdecke verlangt vom Wanderer äußerst schonenden Umgang. Nur auf den Wegen gehen, Rastplätze nicht im Gras beziehen. Zu viel wurde schon zerstört.

Am Fellhorngipfel. Die letzte Bahn fährt gerade ins Tal. Das Warmatsgund liegt schon im Dunkel. Kanzelwand, Hammerspitzen, Schafalpen und Hauptkamm strahlen kurz vor der Nacht große Ruhe aus.

An den Hängen des Söllerkopfes ist das Paradies der Alpenrose. Schafalpen und Hauptkamm können nur neidvoll herüberschauen.

Vom Fellhorn führt der Weg, vorbei am Söllerkopf, herunter zum Söllereck. Dieser Fleck mit der Rauschbeere ist der lieblichste Platz des gesamten Grates.

Man kann verstehen,
daß viele Menschen
diesen wunderschönen
Weg begehen wollen.
Er ist einfach und, weil
mit der Fellhornbahn
schnell zu erreichen,
nicht besonders
kraftaufwendig.
Außerdem verwöhnt die
üppige Alpenflora.
Der Weg vom Fellhorn
zum Söllereck.

Die Schlappolt-Alpe unter dem Schlappolt-kopf. Ein lohnender Weg über den Grat und zurück über die Alpe zur Fellhornbahn. Über den Wolken Nebelhorn bis Hochvogel.

Der Schlappoltsee, eine Perle unter dem Fellhorngipfel. Darüber die zwei berühmtesten Grasberge der Allgäuer Alpen, Schneck und Höfats.

Im Winter ist das Fellhorngebiet keineswegs einsamer. Ist es im Sommer der Wanderer, so kommt nun der Skiläufer. Am Grat ist es ruhig geworden, die Hänge aber sind voller Leben.

Besinnliche Minuten auf dem
Fellhorngipfel.

Tourengebiet abseits der Pisten von Fellhorn
und Kanzelwand. Warmatsgundkopf,
Schüsser und Hammerspitzen über dem
Warmatsgund. Links oben der Fiderepaß.

Das Fellhorn-Kanzelwand-Skigebiet.
Die Talstation der Fellhornbahn steht im Stillachtal, die der Kanzelwand in Riezlern. Es ist also leicht möglich, von einem Tal ins andere zu wechseln.

Höhensturm in den Schafalpen. Zwischen Hammerspitze und nördlichem Schafalpenkopf steht die Fiderepaßhütte, die Hütte des Oberstdorfer Alpenvereins. Im Winter, besonders wegen der Lawinengefahr, nicht leicht zu erreichen.

Kühgundalpe unter dem Roßgundkopf. Sie liegt am Weg zur Fiderepaßhütte. Hier treffen sich die Wege vom Stillachtal herauf und vom Fellhorn herüber.

Für Geübte eine besonders schöne Überschreitung von der Kanzelwand, über Schüsser und Hammerspitzen, zur Fiderepaßhütte. Ein schroffer Gegensatz zu den Grashängen der Flyschgrate ist hier das Dolomitgestein des Kalkalpins.

Die Gegensätze Kalkalpin und Flysch nebeneinander, Hammerspitzen und Fellhorn, wilde Felsformationen und weiche Grashänge, die aber auch sehr steil und gefährlich ausarten können. Die Fiderepaßhütte steht auf einem wunderschönen Sattel.

Eine großartige Felskulisse öffnet sich beim Abstieg von der Hammerspitze zum Fiderepaß. Da stehen die drei Schafalpenköpfe wie trutzige Burgen. Dann die Hausberge der Mindelheimer Hütte: Kemptner Köpfle, Angererkopf und Liechelkopf, über dem Hinteren Wildental.

Bei diesen Verhältnissen ist die Begehung des Mindelheimer Klettersteiges nicht empfehlenswert. Es war am Tag der Einweihung des Steiges. In der Nacht brachte ein Wettersturz das weiße Kleid. Noch einmal wehrten sich die Schafalpenköpfe gegen die Erschließung.

Vom Mittleren Schafalpenkopf aus zeigt sich das Dreigestirn des Allgäuer Hauptkammes prächtig. Trettach, Mädelegabel und Hochfrottspitze, darunter, kühn, das Waltenberger Haus. Diese Dolomitmassen sind auf den jüngeren Fleckenmergel (Allgäuschicht) im Lauf der Alpenentstehung, von Süden her, in Jahrmillionen, aufgeschoben worden. Die Gesteine der Allgäuschicht sind tonhaltig, deshalb fließt das Wasser sehr schnell oberflächlich ab. Die Hänge sind deshalb mit tiefen Erosionsfurchen durchzogen.

Der bewegte Boden um die Rappenseehütte wurde vom Eis des Gletschers geformt. Die Hütte steht hoch über dem Rappenalptal auf dem Karboden, dessen tiefste Ausschürfung das Becken für den Rappensee bildet. Die auslaufenden Hänge von Biberkopf und Widderstein schließen das Tal ab.

Einödsbach, der südlichste, ständig bewohnte Ort in Deutschland. Von hier erstreckt sich das Rappenalptal, eingebettet zwischen Hauptkamm und Schafalpen, etwa acht Kilometer bis zum Talende bei der Trifthütte, nahe beim Schrofenpaß.

Abwechslungsreiche Wege führen hinauf zu den Alpenvereinshütten. Über Saumpfade erreichten die eingewanderten Walser Oberstdorfer Gebiet, um sich mit dem Nötigsten zu versorgen.

Auf der Südseite des Alpgundkopfes, weit über Einödsbach, liegt ziemlich verborgen der kleine Guggersee. Es ist ein Ort, der geradezu zum Verweilen zwingt. Von Birgsau herauf geht's oft sehr steil auf schmalem Weg, der dann, in etwa gleicher Höhe, Richtung Mindelheimer Hütte weiterleitet. Auf der anderen Talseite steht, unter der Nordflanke des Linkerskopfes, die Enzianhütte und, eine Terrasse höher, die Rappenseehütte. Rappenseekopf, Hochrappenkopf und Biberkopf bilden das westliche Ende des Allgäuer Hauptkammes.

Im Roßgund, nahe am Krumbacher Höhenweg. Die Schafalpen senden einen Grat nach dem anderen Richtung Rappenalptal. Dazwischen eingebettet, liegen einsame Kare. Der Weg vom Guggersee zur Mindelheimer Hütte ist deshalb sehr abwechslungsreich, da sich vor dem Wanderer immer wieder neue Landschaften aufbauen. Links im Bild das Talende mit dem Schrofenpaß.

Die »Walser Kerle«. Schroffe Felswände wechseln mit schuttgefüllten Karen. Typische Dolomitlandschaft. Darüber führt der Mindelheimer Klettersteig. Trotz der künstlichen Hilfsmittel (Steighilfen) ist äußerste Vorsicht geboten, da der Steig meist sehr ausgesetzt verläuft.

Die Südseite der Schafalpen sieht schon etwas freundlicher aus. Über die gras- und latschenbewachsenen Hänge ist der lange Wanderweg angelegt, der den Guggersee mit dem Hochalppaß verbindet. Unter dem Angererkopf steht, in prächtigster Lage, die Mindelheimer Hütte.

Sie steht immer noch, neben der neuen, die alte Mindelheimer Hütte. Sie könnte sicher viel erzählen, mit ihren 77 Jahren. Sie ist sehr zu beneiden, steht sie doch auf der Stelle, von der aus man den schönsten Blick auf den Allgäuer Hauptkamm hat.

Der Steinbock ist das Wappentier der Walser. Etwa im 16. Jahrhundert war der Steinbock in den Alpen ausgerottet. 1964 setzten die Walser am Elfer sechs Steinböcke ein, drei Männchen, drei Weibchen. Heute ist der Bestand stark gewachsen und hat sich bis hinüber zur Hornbachkette ausgebreitet.

Schafe sind gute Kletterer, wobei sie sich aber nicht mit den Steinböcken messen können. Dort drüben, auf den Graten von Elferkopf, Liechelkopf und Geißhorn, konnte der Steinbock erstmals wieder seine Kletterkunst in den Allgäuer Bergen zeigen.

Gewaltige Dolomitklötze über dem Wildental. Auch Gipfel des Hauptkammes schauen über die Schafalpenköpfe herüber zum Walmendinger Horn. Auf abwechslungsreichen Anstiegen gelangt man recht gut zur Fiderepaß- und Mindelheimer Hütte.

Wer auf den Widderstein möchte, findet durchs Gemsteltal einen lohnenden Anstieg über die Hänge unter Bärenkopf, Kleinem Widderstein und Ostgrat des Großen Widdersteins. Bald ist der Gemstelpaß erreicht.

Auf dem Schüsser über dem Wildental. Ganz hinten, im Kleinen Walsertal, liegt Baad, weiter vorne Bödmen und Mittelberg, Ausgangsorte für Bärgunt-, Gemstel- und Wildental. In Mittelberg steht zudem noch die Talstation der Walmendinger Horn-Bahn.

Zwischen Wildengundkopf und Geißhorn. Gegenüber erhebt sich eindrucksvoll der Allgäuer Hauptkamm mit seinen einzigartigen Dolomitgipfeln. Der markanteste unter ihnen ist wohl die Trettach.

Kein deutscher Berg steht so weit im Süden. Der Biberkopf, eine schöne Berggestalt. Bis zur Senkrechten wurden die Gesteinsschichten beim Aufbau der Alpen emporgedrückt. Dieser Berg hat zwei ganz verschiedene Gesichter. Von Lechleiten aus gesehen eine enorm plattige Südwand, von der Oberstdorfer Seite gesehen, eine zerrissene, zerklüftete Nordflanke. Dieser Gipfel ist zugleich die letzte, westliche Erhebung des Allgäuer Hauptkammes.

Der Große Widderstein ist der höchste Gipfel in der Runde der Kleinwalsertaler Berge. Alle Seiten des riesigen Dolomitbrockens stehen mit prallen Wänden da, nur im Süden hat sich der Berg geöffnet. Ein schuttübersäter Einschnitt zieht vom Wandfuß bis hinauf zum Gipfel. In ihm kann ein geübter Wanderer den Gipfel gut erreichen.

Wesentlich schwieriger ist die Besteigung des Großen Widdersteins im Winter. Der Anstieg durch die schneegefüllte steile Rampe fordert Sicherheit und Kraft. Die Abfahrt kann nur ein guter Tourengeher sicher bewältigen. Die Anstrengung lohnt sich aber, da der Gipfel, ganz anders als im Sommer, einsam und ruhig ist.

Blick von der Westschulter des Großen Widdersteins zum langen Flyschgrat, der von der Höferspitze bis zum Falzer Kopf hinüberleitet. Dieser Grat ist die natürliche Grenze des Kleinen Walsertales zum Bregenzer Wald. Eine riesige Barriere, die den Einwanderer damals zwang, sich bei den Bayern zu versorgen. Links unten liegt der Hochalppaß mit dem Hochalpsee, dort tauchten die Walliser erstmals auf, um dann durchs Bärgunttal ins Kleine Walsertal zu gelangen.

Der Große Widderstein beherrscht mit seiner wuchtigen Erscheinung die ihn umgebenden, meist grasigen Berge. Ganz keck erhebt sich der Weiße Schrofen, ein auf dem kantigen Flyschgrat aufgesetzter Dolomitturm. Eine willkommene Abwechslung. Leider hat Schnee und Wasser den sensiblen Grashängen stark zugesetzt. Vom Hochalppaß leitet der Weg hinunter ins Bärgunttal.

Am Heiterberg, einsamer Gipfel über dem Bärgunttal. Über die Güntlespitze zieht der scharfe Flyschgrat zur abseits gelegenen, selten besuchten Üntschenspitze. Sehr gut ist überall an den steilen Grashängen die zerstörende Arbeit des abfließenden Wassers zu erkennen. Eindrucksvoll zeigt sich schon der Hohe Ifen, mit seinen Schrattenkalkwänden, die einen enormen Kontrast zu der umgebenden Graslandschaft bilden.

Abseits des Grates, auf der Üntschenspitze. Ein Gipfel, auf dem das Verweilen gut tut. Das ist die typische Graslandschaft der Flyschregion. Weiche Formen und dann aber wieder messerscharfe, steil aufgerichtete Grate. Dahinter die wilde Felsszenerie des Kalkalpins. Gipfel des Hauptkammes schauen wieder über die Schafalpen herüber.

Nach dem Gewitter am Grünhorn. Nur Sekunden bricht die Sonne durch ein Wolkenloch. Fiderepaßhütte und Nördlicher Schafalpenkopf werden kurz aus dem Dunkel herausgelöst. Großer Krottenkopf und Trettach stehen düster dahinter.

Dort drüben steht die Gipfelstation der Walmendinger Horn-Bahn. Viele Wanderer kommen dann, über die Ochsenhofer Köpfe, herüber zum Grünhorn. Es ist ein beliebter und leicht zu begehender Weg, der nach allen Seiten wunderbare Ausblicke in die umgebende Landschaft ermöglicht.

Am Grünhorn, der Weg führt hinunter nach Baad. Die bewaldeten Hänge schützen den Ort vor Lawinen. Behütend steht der Große Widderstein neben dem Doppelgipfel seines kleinen Bruders. Der Bärenkopf davor gehört nicht zur Flyschregion, er wird der sogenannten Allgäudecke zugeordnet. Ein Berg, der selten Besucher empfängt.

Auf dem Walmendinger Horn: Ein schöner Grat lockt den Wanderer hinüber zum Grünhorn. Zunächst muß er aber die Skiarena überqueren. Wie bei allen Bergbahnen, läßt sich auch hier der Skibetrieb nicht verleugnen. Gemessen an den großen Umweltzerstörungen, sind es aber nur Schönheitsfehler, über die man hinwegsehen muß!

Mit diesen scharfgeschnittenen Flyschgraten besitzt das Kleine Walsertal eine ganz besondere Bergformation. Im Vordergrund tauchen die zerfurchten Hänge von Üntschen- und Güntlespitze sehr steil ins Tal der Bregenzer Ache ab. Der Starzelgrat schwingt mit scharfer Schneide hinüber zum Grünhorn. Dort schließt der Grat über die Ochsenhofer Köpfe zum Walmendinger Horn an. Bei Oberstdorf vereinigt sich das Kleine Walsertal mit dem Illertal.

Jungvieh mit Haflinger nahe beim Grünhorn. Die Alpwirtschaft wird im Kleinen Walsertal in erschreckendem Maße zurückgedrängt. Viele Landwirte geben auf. Der Verdienst ist nicht angemessen für die strenge Arbeit. Der Landwirt ist der Landschaftspfleger. Ohne ihn werden die Alpen verwildern, die freien Weiden vom Wald verdrängt werden.

Von der Flyschzone geht's nun ins Helvetikum, in das Reich des Hohen Ifen. Anderes Gestein, und auch die Alpenflora hat sich etwas gewandelt. Äußerst selten ist diese Hauswurz, wenig Standorte sind bekannt.

Nicht ganz so selten, aber auch nur an wenigen Stellen zu finden, die Steinnelke (auf dem Weg vom Mittag zum Hochgrat häufiger anzutreffen).

Der Hohe Ifen, eine einzigartige Berggestalt, im gesamten Alpenraum. Auf allen Seiten bildet die Schrattenkalkplatte senkrechte Abstürze. Im linken Teil ist die Wandflucht unterbrochen, dort führt der Weg vom Ifersgund hinauf. Einst reichte die Platte, auf den unterlagernden Drusbergschichten, bis hinunter ins Schwarzwassertal. Felsstürze, vor einigen Jahren erst abgegangen, lassen erahnen, daß die Platte einmal ganz verschwunden sein wird. Die Schwarzwasserhütte ist ein idealer Stützpunkt.

In den Bergen kann ganz schnell, auch im Sommer, Schnee fallen. Ab einer bestimmten Höhe ist die Landschaft dann überzuckert. Dadurch wird Wasser gespeichert, es kann nicht so schnell ins Tal schießen. Im hintersten Winkel des Schwarzwassertales liegt die Melköde. Links oben steht, unter dem Steinmannl, die Schwarzwasserhütte. Diedamskopf, Hählekopf und Ifen schließen die Runde. Ein Felssturz vom Ifen hat den Talboden etwas aufgeschüttet (bewaldet). Eine Lawine, vom Walmendinger Horn kommend, hat ein Stück Wald herausgerissen.

Auf dem Hahnenköpfle. Die langgezogene
Ifenmauer begleitet den Wanderer wenn er
durch die schuttübersäte Ifenmulde
heraufkommt. Auch auf dieser Seite hat der
Ifen eine Schwachstelle, durch die der
Sommerweg aufs Platt führt.

Welch ein Kontrast zu den lieblichen, blumenreichen Wiesenhängen in der Flyschregion. Eine ganz andere Welt tut sich hier auf. Gras und Latschen kämpfen ums Überleben. Und trotzdem ist es eine faszinierende Landschaft. Das Hahnenköpfle wird gerne besucht, bietet es doch einen guten Ausblick auf den »Gottesacker«.

In weitem Bogen spannt sich die Schrattenkalkplatte über die gebänderten Drusbergschichten. Wie Wellenkämme sitzen die Latscheninseln auf dieser Steinwüste auf. Das Gewölbe senkt sich allmählich nach hinten, um dann jäh wieder zu den Oberen Gottesackerwänden aufzusteigen.

Schnell ist man mitten in der Karstlandschaft. Immer wieder zwingen Naturschächte (Dolinen) zu kleinen Umwegen. Selbst mitten im Sommer finden sich in den tiefen Löchern noch Schneereste. Gletschereis hat diese breite Wanne vom Hahnenköpfle herunter ausgeschürft.

Die auflösende, zersetzende Kraft des
Wassers ist hier zu sehen. Rinnen-, Löcher-,
Kluft- und Schichtfugenkarren bestimmen
diesen Teil im Schrattenkalk.
Etwa 25 Quadratkilometer umfaßt die
gesamte Karstfläche des Gottesackerplatts.
6 Quadratkilometer davon sind nackte,
weiße Karrenfelder.

Auch im Winter ist der Hohe Ifen ein begehrter Berg. Die Besteigung ist aber um ein Vielfaches schwieriger als im Sommer. Oft ist der Anstieg hinauf zur Scharte lawinengefährlich. Außerdem ist der Hang sehr steil und kann zudem noch vereist sein. Die Überwindung der Felsrampe verlangt Erfahrung. Wer dann nicht auf der anderen Seite ins Tal abfährt, muß hier wieder herunter.

Die Schneedecke ist hart, durchgefroren. Selten kann man sich so mühelos, ohne einzubrechen, auf einer Skitour fortbewegen. Im steilen Gelände wird es dafür aber dann unangenehm. Ohne Steigeisen geht dann nichts mehr.
Der Wind war hier der Künstler, der dieses verspielte Muster modelliert hat. Die Lifte stehen, alle Skiläufer sind schon abgefahren. Es ist Ruhe eingekehrt unter den Ifenwänden.

Unter dem Hahnenköpfle ist ein besonderes Zeugnis der Entstehung unserer Landschaft bloßgelegt. Es sind Drusbergschichten, die unter ungeheuerem Druck so zusammengeschoben, so gefaltet wurden.
Die mächtigen, aufgelagerten Schrattenkalkschichten (rechts am Ifengipfel sichtbar), konnten diese Kleinfaltung nicht mitmachen, sie zerbrachen eher.

An den Unteren Gottesackerwänden, über der Hinterstalpe. Sehr schön sind die einzelnen Schichten zu erkennen, die in einem langen Zeitraum im Meer abgelagert wurden. Zwischen den Kalkschichten, trennende Mergel- und Tonlagen, die bei der Faltung als Gleitmittel dienten. Es sind dünnwandige, schieferartige Schichtungen, die sich mit der bloßen Hand herauslösen lassen.

Auf den Oberen Gottesackerwänden. Gleich da vorne, unter der höchsten Stelle der Wand, ist die Gottesackerscharte. Vom Mahdtal kommt der Weg herauf, um dann weiter über das Gottesackerplatt zu führen. Bei Nebel sollte man hier wieder umkehren.

Das kann sich wirklich jeder vorstellen, daß bei Nebel das Gottesackerplatt nicht durchquert werden kann. Schon bei guter Sicht ist nicht immer genau zu erkennen, wo es weitergehen soll.

Der ganze Gottesacker ist in der Mitte hochgewölbt. Die Oberfläche ist unheimlich bewegt. Sie zeigt sich faltig, mit tiefen Einschnitten, Rissen und Löchern, mit Gräben und vielfältigen Erhebungen. Verbeult und zerschunden sieht die Platte aus. Hier sieht man, daß auch der Berg vergänglich ist.

Selbst die dicke Schneedecke vermag nicht, diese aufgewühlte Landschaft zu glätten. Zu zerrissen ist die aufgewölbte Schrattenkalkplatte. Bei der klassischen Skitour, Hahnenköpfle (unter dem Ifengipfel) – Mahdtal, kommt man über das Platt hierher. Jeder kann sich selbst den besten Weg aussuchen. Den Skibetrieb von Ifen 2000 spürt man nun nicht mehr.

Der Genießer fährt nicht gleich ins Tal ab, er verweilt. Die Landschaft ist zu schön, um sie so schnell wieder zu verlassen. Herrliche Erkundungen, über den Oberen Gottesackerwänden laden ein, immer die wunderbare Welt des Gottesackers vor sich.

Man ahnt nicht, welche Schätze unter der Schneedecke verborgen sind, deshalb sollte der Gottesacker auch im Sommer genauer untersucht werden. Die Erosion läßt an vielen Stellen zahllose Fossilien hervortreten, besonders Korallen, Moostierchen und Bruchstücke von Schalentieren. Diese sind von der Substanz her viel härter als der Schrattenkalk und vom Wasser nicht löslich. Freigelegte Teilchen werden vom Wasser fortgespült oder vom Wind weggetragen.

Am Pellingerköpfle. Eindrucksvoll, der ausgeräumte Ifentobel. Einstmals war die Riesenwanne ausgefüllt. Die Erosion hat das Gewölbe Schicht um Schicht abgetragen. Die obersten, noch bestehenden Schrattenkalkreste des Ifenplateaus und des Tiefen Ifen links waren einmal eine geschlossene Schicht, die den Tobel in großem Bogen überspannte. Ebenso die darunterliegenden Drusbergschichten und die härteren, herausgewitterten Kieselkalkriffe. Die Iferfluh unten ist mit Felssturzbrocken übersät.

Am Ifersgund. Grenze der Viehweide, noch erhalten aus der Zeit, als es noch keinen Elektrozaun gab. Steine gab es genug, sie kosteten nur das mühsame Heranschleppen. Heute gibt es nur noch wenig Alpen, die von den immer wieder herunterfallenden Gesteinsbrocken befreit werden. Hinten der Grat Grünhorn – Walmendinger Horn, darüber die Schafalpen.

Auf dem Ifen. Blick über Pellingerköpfle, Hählekopf und Diedamskopf auf die Berge des Bregenzer Waldes und der Schweiz. Der plötzliche Abbruch zeigt deutlich, daß die Fortsetzung der Landschaft fehlt. Man kann es fast nicht glauben, daß sie einmal da war und durch die Witterungseinflüsse einfach weggeschafft wurde.

Blick vom Ifen auf den jähen Abbruch des Gottesackerplatts zum Tiefen Ifen. Unter den Schrattenkalkbändern, die Drusbergschichten. Die vorstehenden, ausgeprägten Ecken bestehen aus den viel härteren Kieselkalken. Vor der Abtragung überbrückte die Landschaft den gesamten Tobel, vom Abbruch des Pellingerköpfles (Bild Seite 92) bis dort hinüber zum Gottesackerplatt.

Unten, im Tiefen Ifen, über der Kälbelesgüntlealp. Rechts der Wasenkopf, ein Ausläufer des Gottesackers. In der Mitte ziehen die kantigen Rippen der Kieselkalke hinüber zum Sefischrofen. Dahinter die Sienspitze und Winterstaude. Links zieht der Nordgrat des Diedamskopfes zu den Grünen Köpfen herunter. Dahinter Berge des Bregenzer Waldes.

Wieder ganz oben, auf dem Ifenplatt.
Unter den Schrattenkalkmauern liegt der wilde Felssturz im letzten Licht der untergehenden Sonne. Über Schafalpen und Allgäuer Hauptkamm breitet sich langsam die Nacht aus.

Am Torkopf, über dem Windecksattel. Ein geheimnisvoller Ort. Es führen Wege hinunter zur Hochalpe und zur Bestlesgundalpe. Von dort weiter über die Keßleralpe ins Tal bei Hirschgund. In den Wolken die Oberen Gottesackerwände mit Roßkopf und Hirscheck. Weiter vorne, der tiefe Einschnitt der Gottesackerscharte.

Auf dem Ifenplatt, über dem Anstieg aus dem Ifersgund. Gleich da unten geht's durch die Schlüsselstelle, die einzige Möglichkeit, die Kalkplatte des Ifens von Westen her, auf normalem Wege zu bezwingen. An dieser Stelle haben manche Wanderer leichte Schwierigkeiten, weil der Hang ein bißchen steil abfällt. Es ist dafür dann ein schöner Augenblick, wenn endlich die wunderschöne Hochfläche erreicht ist.

Auf dem Ifenplatt. Über den senkrechten, abschreckenden Schrattenkalkwänden empfängt den Wanderer erstaunlicherweise (weil auf Schrattenkalk, wie auf dem Gottesacker zu sehen, wenig Bewuchs ist) eine wunderschöne Wiese, die bis zum Gipfel hinaufreicht. Leider laufen auch hier wieder viele Wanderer neben dem Weg im Gras. Es entstehen nebeneinander immer wieder neue Wege. Das kann einen ganzen Hang zerstören. Auch der Gipfelbereich leidet sehr darunter. Natürlich sitzt es sich im Gras schöner, bequemer. Der Wanderer sollte aber bedenken, daß er damit dem Berg großen Schaden zufügt.

Abseits der Piste. Auf dem Weg zum Ifengipfel. Links unten tummeln sich die Skiläufer im Skigebiet des Ifen 2000. Hier heroben ist es einsam und noch schöner. So denkt der Tourengeher. Ob er recht hat? Denn, auch der Skiläufer findet mit Skilift und Abfahrt sein Glück.

Der Felsturm hat sich von der Wand gelöst und ist talwärts abgerutscht. Erstaunlich, daß nicht auch dieser Felsbrocken hinunterstürzte und zerbrach, wie all die anderen.

Im Gottesackergebiet gibt es tausende Dolinen (Naturschächte). Wasser löst den Stein auf. Die Spalten (Kluftkarren, besonders Kreuzkluftkarren), führen Wasser in die Tiefe und werden dadurch zu Naturschächten ausgeweitet. Über diesen Schacht ist eine Naturbrücke gespannt. Es ist der Beweis dafür, daß es sich nicht um einen klaffenden Spalt handelt, dessen Wände auseinandergerückt sind, sondern daß die Auflösung erst den Hohlraum geschaffen hat.

Vom Schwarzwassertal kommen die Tourengeher herauf zum Ifenplatt. Bei guten Verhältnissen wagen Pistenfahrer des Ifen 2000 die Überquerung der Ifenplatte, um über eine außergewöhnliche Abfahrt das Tal zu erreichen. Dies ist jedoch die Ausnahme und, es sind in der Regel ausgezeichnete Skiläufer, die mit dem Gelände vertraut sind. Die herrlichen Hänge von Pellingerköpfle, Hählekopf und Steinmannl bilden das berühmte Tourengebiet um die Schwarzwasserhütte (links im Bild).

Dieser linke Hang unter dem Ifenstock ist Wildschutzgebiet. Es besteht absolutes Betretungsverbot, auch im Sommer. Der rechte Hang war äußerst lawinengefährlich. Dort löste sich vor einigen Jahren eine Lawine, die bis hinunter zur Talstation des Ifen 2000 gelangte. Inzwischen ist die Gefahr gebannt, Lawinengalerien stabilisieren die Schneedecke.

Auf den Oberen Gottesackerwänden. Der Hang darunter ist gefährlich. Im Winter 1996 löste er sich über die gesamte Länge und begrub zwei Tourengeher unter sich. Hinten steht der Torkopf, ein recht schwierig zu besteigender Gipfel. Es ist ein Gewölberest. Die Schrattenkalkplatte des Gottesackers (rechts) wurde vor langer Zeit im großen Bogen nach links unten geführt. Die Platte zerbrach unter dieser enormen Krafteinwirkung. Die Erosion entfernte den talseitigen Teil.

Bis etwa 1905 stand auf der Wasserscheide zwischen Küren- und Löwental die Gottesackeralphütte. Der Sage nach, soll diese Steinwüste einmal fruchtbares Land gewesen sein. Bis man einen Bettler davonjagte, als er um etwas Eßbares bat. Dieser Bettler sei aber Gott gewesen. Er habe dann den gesamten Alpboden in Stein verwandelt. Es gibt verschiedene Sagen über die Gottesackeralp, aber welche ist wahr?

Bei der Mahdtalalpe. Ein hochinteressantes Tal erstreckt sich von der Schwende bis zum Windecksattel, zwischen Oberen und Unteren Gottesackerwänden. Hier kommt auch der Tourengeher im Winter über herrliche Hänge der Gottesackerscharte herunter. Weiter unten ist der Trichter des Höllochs, gut abgesichert, daß nicht noch einmal einer hineinfällt. Immerhin geht es da etwa 80 Meter senkrecht hinunter. Oben die Gewölbereste Toreck und Torkopf.

Die Oberen Gottesackerwände, geteilt durch die Gottesackerscharte. Links davon der Torkopf. Von den Unteren Gottesackerwänden aus gesehen. Von links steigt das Mahdtal an. Über den Windecksattel (rechts über den Latschen) führt der Weg rechts am Torkopf vorbei über die Gottesackerscharte zum Gottesacker hinüber. Die gesamte Schrattenkalkplatte wölbte sich einst nach vorne herunter und setzte mit senkrechten Wänden auf der querliegenden Rippe (rechts und links des Torkopfes gut sichtbar) auf. Erosion schaffte die Abtragung in Millionen von Jahren. Nur der Gewölbestummel des Torkopfes ist von der abstreichenden Kalkplatte übrig geblieben. Ein untergeordneter, kleiner Gipfel, der jedoch recht schwierig zu besteigen ist.

Blick vom Hirscheck auf den Karboden der Hirschgundalpe. Die Mährenhöhe ist die westliche Fortsetzung der Oberen Gottesackerwände. Nach rechts fällt das Hirscheckgewölbe Richtung Hirschgund ab. Zum Beschauer hin ist das Gewölbe aufgebrochen, d.h. der gesamte vordere Teil der Schrattenkalkplatte, bis zum Beschauer hin, fehlt. Die Viehweide ist karg und übersät mit Felssturztrümmern. Links erhebt sich der Diedamskopf mit den Grünen Köpfen am Nordgrat. Darunter erstreckt sich der Sefischrofen. Rechts, über der Wand, die Sienspitze, der Schreibersattel und die Winterstaude. Hinten die Berge des Bregenzer Waldes.

Auf dem Weg zum Hirscheck. Unten die Hochalpe und darüber die Bestlesgundalpe. Hier heroben ist die Viehhaltung sehr schwierig, vor allem der Alpabtrieb ins Tal. Rechts oben der Steilabfall des Gottesackerplatts, die Oberen Gottesackerwände. Die Mitteleck-Rippe ist der verlängerte Gewölbestummel vom Torkopf herunter. In großem Bogen setzte hier, die von rechts oben kommende Schrattenkalkplatte auf. Wie kann eine solch riesige Steinplatte verschwinden? Durch gewaltsames Biegen brechen die Schichten. Wasser kann eindringen, löst auf, Frost sprengt den Stein, kleine Gesteinsbrocken werden vom Wasser ins Tal gespült. Nach links steigt die Schrattenkalkplatte, mit Latschen bewachsen, flach an, um dann plötzlich senkrecht abzubrechen. Links unten das Starzlach-Tal mit Rohrmoos.

Auf den Unteren Gottesackerwänden, nahe am Windecksattel. Von rechts steigt wieder der latschenbewachsene Hang sanft an, um dann jäh senkrecht abzubrechen. Am hinteren Bereich ist das Gewölbe noch vollkommen erhalten. Weiter links, das Gatterkopfgewölbe, dahinter das Kackenkopfgewölbe. Unten im Tal liegt Rohrmoos. Im Hintergrund die Allgäuer Berge.

Auf dem Windecksattel. Der Blick reicht durchs Mahdtal hinunter zur Mahdtalalpe. Eine karge Weide mit vielen Bergsturztrümmern und Schutt breitet sich, unter den Oberen Gottesackerwänden, bis hier herauf aus. Nach links steigt das Gewölbe zu den Unteren Gottesackerwänden an. Draußen erhebt sich der Flyschkamm des Fellhorns.

Noch einmal auf den Unteren Gottesackerwänden. Auf dem Weg, der zur Gatteralp hinunterführt. Diese Stelle liegt bereits unterhalb der Baumgrenze. Die Bäume haben es hier heroben sehr schwer. Die Humusdecke ist noch nicht so stark, daß sie das notwendige Wasser speichern kann. So läßt der Schrattenkalk darunter alles Wasser in seinen Spalten und Löchern verschwinden. Die meisten Bäume sind krank, viele sind schon abgestorben, auch durch die Luftverschmutzung, und auch die Latschen sehen nicht viel besser aus. Drüben stehen noch einmal die Oberen Gottesackerwände und der Torkopf.
Man kann sich recht gut vorstellen, daß die Lücke zwischen ihnen einmal geschlossen war.

Blick vom Ochsenhöfle, über der Walserschanz, auf die beeindruckenden Kreidegewölbe des Ifengebietes. Beim Hohen Ifen ist nur noch der Scheitel des ursprünglichen Gewölbes, die mächtige Schrattenkalkplatte vorhanden. Das flache Gottesackergewölbe biegt ab zur Gottesackermulde, um dann zum aufgebrochenen Hirscheckgewölbe mit dem Steilabfall der Oberen Gottesackerwände und dem aufragenden Gewölbestummel des Torkopfes, emporzusteigen. Dann die, auf dieser Seite ganz erhaltenen Kühberg- und Gatterkopfgewölbe. Nach der breiten Mulde des Hörnlepasses schwingt der Schrattenkalk noch einmal weit hinauf zum Kackenkopf, um dort wieder mit einem Abbruch zu enden.

Bei der Oberen Gatteralpe. Rechts der Gatterkopf, links das Kühberggewölbe mit dem Abstieg vom Windecksattel über die Unteren Gottesackerwände. Dazwischen führt ein Steig hinunter zur Hinterstalp und weiter ins Hirschgundtal. Die gesamte Gatteralpe ist karges Weidegebiet und recht schwierig zu bewirtschaften.

Die Unteren Gottesackerwände über der Oberen Gatteralp. Die einzige Stelle im gesamten Umgebungsfeld von Ifen und den Gottesackerwänden, die dem Beschauer so überzeugend darstellt, wie ein Gewölbe abgetragen wird. Links streichen die Schrattenkalkplatten des ganz erhaltenen Gewölbes im Bogen zur Gatteralpe ab. Etwas weiter rechts fehlen bereits die äußeren Schalen. Dann stehen nur noch die aufsteigenden Stummel da und noch weiter rechts, über dem Felssturzbereich, sind nur noch die senkrechten Wände übrig.

Nicht weit vom Gerachsattel, über der Haldenhochalpe. Links fällt das Diedamskopfgewölbe, rechts das Hählekopfgewölbe ein. Dahinter der Diedamskopf. Das Hochtal von Hochgerach war ursprünglich tief eingekerbt, wurde allmählich durch Bergschutt aufgefüllt (am ebenen Grasboden gut zu erkennen). Hier oben entspringt die Subersach. Sie schlängelt sich vor zur Klamm der Hochgerachmulde, um dann in das Hochtal von Schönenbach hinabzustürzen.

Ein eindrucksvoller Blick auf Helvetikum (Ifen, Hählekopf, Hochgerachmulde bis herüber zum Diedamskopf), Flysch (Walmendinger Horn bis hinüber zum Falzer Kopf) und Kalkalpin (gesamte Bergkette im Hintergrund). Von Schönenbach führt der Weg hinauf zur Hochgerachmulde, im Hochtal dahinter, teilt er sich. Nach links leitet er zum Gerachsattel, nach rechts zum Diedamskopf herüber. Von der Hochgerachmulde steigt nach rechts das Diedamsgewölbe, nach links das Hählekopfgewölbe an. Schön ist dort die Schichtfolge zu erkennen, über den ausgeprägten Kieselkalkrippen Drusbergschichten und darauf wieder die Schrattenkalkplatte.

Nahe bei Schönenbach, unter dem Wasenkopf (Ausläufer des Gottesackerplatts) liegt, gut versteckt, der Eingang der Schneckenlochhöhle. Sie erstreckt sich einige hundert Meter unter das Gottesackerplatt. Sie ist begehbar, aber nur etwa 100 Meter vom Tageslicht erhellt. Die Höhle sollte man nur in Begleitung begehen.

Schönenbach-Vorsäß im lieblichen Talgrund, zwischen den Ausläufern von Diedamskopf, Mährenhöhe und Sienspitze. Ein besonders liebenswertes Alpdorf. Ein Sommerstützpunkt für die Viehhaltung. Einige dieser niedlichen Holzhäuser werden aber bereits anderweitig genutzt. Ausgangspunkt für die wunderschönen Hochtäler ringsum und natürlich für das Ifen- und Gottesackergebiet.

Blick über das zum Beschauer hin aufgebrochene, aber ganz erhaltene Schrattenkalkgewölbe des Plessigkopfes auf die, ins Hirschgundtal abfallenden Flanken von Oberen und Unteren Gottesackerwänden und den Gatterköpfen. Rechts zieht die bewaldete Mährenhöhe hinauf zum Hirscheck.

Bergsturz über dem Helbockstobel (18. Sept. 1864), am Weg zur Sienspitze. Links drüben noch ein aufgebrochenes Gewölbe über dem Schneckenlochwald. Darüber das Gottesackerplatt. Unter dem Ifengipfel das Hochtal über der Kälbelesgundalpe mit Wasenkopf links und Sefischrofen rechts. Dahinter der Ifentobel mit den gebänderten Abbrüchen von Pellingerköpfle und Hählekopf. Unterhalb sind schön die beleuchteten Kieselkalkrippen zu sehen.

Nahe am Weg zur Hochalpe. Unten führt die Fahrstraße hinauf zur Rohrmooser Mulde. Über den sehr steilen Flanken der letzte markante Abbruch der Unteren Gottesacker-wände. Ab hier laufen die Wände, Richtung Westen, allmählich aus. Vorne der Keßler-Wasserfall.

Aus dem Gebiet zwischen Oberen und Unteren Gottesacker-wänden stürzt das Wasser über mehrere Steilstufen hinunter bis ins Hirschgundtal, um sich dort mit dem Schönbach zu vereini-gen, der dann ab Hirschgund (Grenze zu Österreich) Achbach heißt.

Bregenzer Ach und Iller fließen zu zwei verschiedenen Strömen, Rhein und Donau. Von den Gatterköpfen, über Gottesackerwände und Ifen bis hinüber zum Hochplatt des Diedamskopfes fand während der Landschaftsformung ein ständiger Kampf um die Wasserscheide statt. Wasser vom Hochplatt des Diedamskopfes war früher der Ursprung des Schwarzwasserbaches und strömte somit der Iller zu. Heute muß es über die Einsenkung von Hochgerach nach

Schönenbach hinunter, also zu der Bregenzer Ach und damit zum Rhein. Das gesamte Gottesackerplatt ist eine Wasserscheide. Allerdings entscheidet die Neigung der wasserundurchlässigen Drusbergschicht, auf der die wasserdurchlässige Schrattenkalkplatte aufliegt, über die Abflußrichtung. Die Kulminationslinie (höchste Stelle) ist auch die Wasserscheide, wobei die oberirdische mit der unterirdischen fast identisch ist.

Bei großer Kälte verharrt das Wasser an jeder Stelle. Man glaubt, nun ist es ruhig. Doch auch Eis fließt, nur ist diese Bewegung mit dem Auge nicht zu erkennen. Eis ist zudem eine Hauptkraft bei der Erosion. Wenn Wasser gefriert, dehnt es sich aus. Es läßt sich, auch durch die größten Kräfte, nicht zusammendrücken. Deshalb kann Eis Felsen sprengen. Das gelöste Gestein bleibt meist aber zunächst festgefroren. Dann aber, wenn es taut, kann es sich lösen. Deshalb ist die Gefahr des Steinschlags im Frühjahr sehr groß.

Im Starzlachtal vor Rohrmoos. Während hinten über Gatter- und Gottesackerwänden der Winter noch nicht vertrieben ist, zeigen hier die Krokusse bereits den Frühling an. Überall ensteht neues Leben, es ist wunderbar.

Eine Riesentreppe im Schrattenkalk, nahe bei Rohrmoos. Obwohl kaum Humus vorhanden, ist hier ein Paradies für die Felsaurikel entstanden. Diese Blume liebt solche Landschaften und besonders kalkreiche Böden.

Unter dieser Dunstdecke liegt Rohrmoos im Starzlachtal.

Vom Riedberger Horn aus zeigen sich die Gottesackerwände in ihrer ganzen Länge. Davor, im Licht, der Piesenkopf, auch ein schöner Skiberg. Starzlachtal und Hirschgundtal (links und rechts hinten) verbergen sich unter einer Wolkendecke.

Eine Wolkendecke hat das Kleine Walsertal zugedeckt. Nur das Fellhorn streckt sich darüber. Hinten in der Mitte der Nachbar des Tales, die Hochkünzelspitze des Bregenzer Waldes.

Der Abend senkt sich langsam über das Kleine Walsertal. Der Motorenlärm der Fahrzeuge verstummt allmählich. Viele Wanderer haben einen glücklichen Tag erleben dürfen.

In der Breitachklamm. Diesen wunderschönen Blick durch den oberen Teil der Klamm gibt es leider nicht mehr.

Am 24. September 1995 verschüttete ein riesiger Felssturz mit etwa 50000 Kubikmetern Gesteins- und Erdmassen diese Stelle in der Klamm. Jeder Besucher kommt hier vorbei und kann eindrucksvoll die Vergänglichkeit unserer Bergwelt erkennen.

Dort hinten kommt der Weg vom eindrucksvollsten Abschnitt der Klamm herauf. Manchem Wanderer tut dann Licht und Sonne gut.

Links oben löste sich der Felssturz. Der Hang darüber, mit Wald, wurde mitgerissen. Da die Breitach nicht mehr ungestört abfließen kann, bildete sich ein kleiner See, der die Klamm in diesem Teil bereichert.

Im hinteren Teil der Klamm. Uralte Felssturztrümmer liegen im Bett der Breitach. Die Menschen darüber sind absolut sicher vor Steinschlag, unter der weit überhängenden, festen Wand.

Blick vom Zwingsteg hinunter in den mittleren Teil der Klamm. Die Wände links und rechts der Klamm werden regelmäßig von Geologen und Männern von der Bergwacht untersucht und von losem Gestein befreit. Erst dann wird die Klamm für die Saison geöffnet. Außerdem geht täglich ein geschulter Mann die Klamm auf und ab, um sich von der Sicherheit zu überzeugen. Das geschieht am frühen Morgen, ehe die Besucher kommen und nach dem Schließen der Klamm.

links:
Naturbrücke am Schwarzwasserbach, nahe bei Schwende.

Mitte:
Der Blick auf den Zwingsteg mit dem berühmten Kopfprofil darunter. Der Weg führt in den schönsten Teil der Klamm hinunter.

rechts:
Tief hinuntergeschafft hat sich die Breitach in tausenden von Jahren.

Besonders schön und heller als im Sommer ist die Klamm im Winter, wenn die Wände vereist sind.

Der Tag entschwindet langsam aus dem
Bergkranz des Kleinen Walsertales.

Noch einmal der Schrattenkalkrest des Ifengewölbes. Die Erosion trägt auch diese Steinkrone unerbittlich ab.

Blick von Hittisberg auf die Kreidegewölbe, links die Gatterwände, daneben die Unteren Gottesackerwände mit dem berühmten erhaltenen Gewölbe (links, beleuchtet) dann, eine Stufe höher, die Oberen Gottesackerwände mit dem Hirscheck rechts und dem Karkessel der Hirschgundalp darunter. Nun folgt das flache Gottesackergewölbe, das Gottesackerplatt und dann reckt sich der Ifen mit seiner aufgerissenen Nordflanke empor. Nach rechts ziehen die Gewölbe von Pellingerköpfle und Hählekopf zur Hochgerachmulde hinunter.

Ein schmales Sträßchen kommt von Rohrmoos, erst durchs Starzlachtal über die Wasserscheide von Starzlach und Schönbach, dann durchs Hirschgundtal heraus nach Sibratsgfäll. Die Straße ist für Motorfahrzeuge gesperrt. Deshalb ist sie, aber auch wegen der gewaltigen Landschaft, eine herrliche Strecke für Radfahrer.

Verwendete Literatur

Der Große Widderstein, erzählt von Irmin Schwendiger
Verlag für Heimatpflege Kempten

Rund um Hochifen und Gottesackergebiet, Dr. Georg Wagner, 1950,
Verlag der Hohenlohesischen Buchhandlung Ferdinand Rau, Öhringen

Ehe denn die Berge wurden, Franz Müller, Udo Scholz, 1965,
Verlag für Heimatpflege Kempten

Alpenvereinsführer Allgäuer Alpen, Zettler/Groth
Bergverlag Rudolf Rother – München